就这麽爱着

梓樱抒情诗选

JUST LOVE

梓樱 著

易文出版社
I Wing Press

Just Love: *Ziying Selected Poems*
Ziying

ISBN：　978-1-940742-61-8
Published by I Wing Press, Inc. New York
Iwingpress@gmail.com

就这么爱着——梓樱抒情诗选
梓樱 著

封面油画： 周晓华
书名题字： 薛恭晖
美编设计： 王昌华
出版： 易文出版社・纽约
版次： 2021年6月第一版，第一次印刷
字数： 22千字
定价： $12.99

Copyright © 2021 by I Wing Press, Inc. USA
All rights reserved.
No part of this book may be reproduced in any form or by any electronic or mechanical means including information storage and retrieval systems, without permission in writing from the publisher. The only exception is by a reviewer, who may quote short excerpts in review.

作品内容受国际知识产权公约保护，版权所有，侵权必究

目 录

自序：遇见诗歌　　　　　　　　I

辑一：生命旋律

生命之妙　　　　　　　　3
那时，我们年轻　　　　　　5
再 思　　　　　　　　　　6
你在我身旁　　　　　　　　8
你在上面看着我　　　　　　9
选择简单　　　　　　　　　11
人生从六十开始　　　　　　13
假如没有明天　　　　　　　15
当我离去 你不要哭泣　　　17

辑二：恋恋红尘

记住你的好　　　　　　　　23
写在女儿五周岁　　　　　　31
今夜无眠　　　　　　　　　37
遇 见　　　　　　　　　　39
情 愿　　　　　　　　　　41
旗袍女子　　　　　　　　　43
我用一天来想你　　　　　　45

再见了，丹尼尔	47
写在七夕	51
就这么爱着	53
有这样一位朋友	55

辑三：你没走远

一声枪响	61
我在春天把您怀想	63
妈妈，请别再为我哭泣	66
消失的琴声	70
花丛中你涛声依旧	72
你走了 精神在	76
你没走远	81
荣耀的冠冕为您留存	86
我们的老班长	91

辑四：行版如歌

春之恋	97
蚕儿在诉说	100
忆 樱	102
校园觅春	105
夏季清凉	107
走在纽约 42 街	109
再次来看你	111
重游江南(组诗)	113

天 池　　　　　　　　118
遥望冰川　　　　　　120
重新出发　　　　　　122

附：最美的遇见　　125

后 记　　　　　　139

自序：遇见诗歌

初遇诗歌，是在十一岁的中秋夜。赣南某生产队的农家小院，三个孩子围坐在父亲身边，手掌捧着脸蛋，膝盖支着胳膊，静静坐在小板凳上。一会儿望望皎洁的月亮，一会儿又望望父亲，他们在聚精会神地听父亲讲解毛泽东诗词《蝶恋花·答李淑一》："革命烈士杨开慧女士和柳直荀先生被敌人杀害了，他们的灵魂像杨柳树的花絮一样，飘上了天空，飘到了月宫。他们问正在砍桂花树的吴刚：'我们来你这儿做客，你打算用什么招待我们呢？'吴刚把他酿造的桂花美酒捧了出来。这时，偷吃母后仙药飞上月宫的嫦娥也耐不住寂寞了，她舒展开又长又宽的水袖，用优美的舞蹈表示对烈士们的欢迎……"父亲的故事讲完了，小朋友们却依然沉浸其中，眼里闪着泪光。这首诗就是我能熟背的第一首诗词。

每当开学拿到新课本，我会把语文书里所有诗歌挑选出来背诵。初二时，语文老师让大家写庆元旦作文，我模仿七律格式，每句七字，共八句，标上《七律·庆元旦》，结果被老师找谈话。老师说，七律讲究格律对仗，不是凑个字数、排列一下句子就可以叫七律的。我羞得脸发烧，从此知道格律诗是一门高深的艺术，不可造次。

高中毕业前，语文老师要同学们写一篇有关自己志向的作文，我来了灵感，写了首组诗。在诗中我感谢老师的教导，表达了要去广阔天地炼红心的决心。老师送我一个大大的"优"字，评语写道"我拭目以待展翅高飞的你！"只可惜之后多次搬迁，十七岁的处女作"香消玉损"。

当知青时，不知从哪儿借到了郭小川的诗歌集，非常喜欢里面那首《团泊洼的秋天》。我反复诵读，整首背熟——"战士自有战士的爱情，忠贞不渝，新美如画。"在那禁锢的年代，在那不知命运走向的季节，"忠贞不渝、新美如画"成了我向往的目标和起早贪黑的动力。

那时，我下乡所在的林场有位回乡知青，父亲是县文工团编剧，家里有很多藏书。我认她为干姐，从她那里借到了《女驸马》等剧本。诗歌般的台词唱词让我爱不释手，开始模仿着写诗表达情绪，与干姐你来一首我往一首。能找到的最早一首诗词，是送给干姐的《玫瑰》，写在我十九岁生日那天，落款为"与干姐共勉"。可笑的是，那时我还没见过真正的玫瑰，只知道玫瑰有刺。

接触唐诗宋词是上大学的时候。医学院的课业实在太重，要背的东西太多太枯燥，感觉自己都快成背书机器了。这时，我借来了唐诗宋词，它们滋润着我的生活，开发着我多情和敏感的想象力。比起唐诗，我更喜欢宋词，熟背的宋词也比唐诗多。

然而，在我生命中，最重要的诗，莫过于舒婷的《致橡树》，我称其为"救命之诗"。那时我遭遇了一场惨重的失恋，历来自信的我跌到了谷底，差点走上自毁的道路。在这个关头，我遇见了《致橡树》，她像一盏烛光，闪烁在我黑暗的生命中。我每天吟咏背诵这首诗歌，生命的火焰渐渐复燃，终于活了过来。后来读到："我虽然经过死荫的幽谷，也不怕遭害，因为你与我同在，你的杖你的竿都安慰。"非常有感触。认识上帝之前，诗歌和文学确实是我生命的拐杖。

九十年代初，遇上了台湾诗人席慕容的诗，她的诗那么亲切，又离我那么近。吟着、背着，自己的诗句就一行行地出来了。某一日，我发现自己的日记本里已有不少排列成行的句子了，它们承载了我最深的意念、最真实的感情。于是，买来一本漂亮的笔记本，把这些排列像诗歌的句子都集中到这个本子上。这便是我的手抄诗集。

尽管从心中流出的句子多是现代口语诗的模样，但我仍然喜欢古体诗词，不时模仿着写一两首。2005年出的第一本诗歌集《舞步点》就是由"古韵"与"新曲"两部分组成。但我知道，对于格律诗词我并没有入门，只是拿个框架套一套，表达一下当时的心情而已。

几年前，美东十二位诗友相约出版诗歌合集，主编要求每个人用一句话来表达自己的诗观，我冲口而出——诗是心灵的放歌！对比其他诗友的诗观，发现自己这句话是最没诗意的大白话。不过时至今日，仍然觉得这句话最能代表对自己诗歌的定义。

自己诗歌的创作过程，就是句子从心流到指尖，再通过笔尖流到纸上。有时半夜醒来，被情绪搅得不得安宁，只有释放到了纸片上，才能继续安睡。次日，欣喜这次没有偷懒，便把这些文字分分行，断断句，换换词，保留下来。

每次创作，就像自己在高兴时唱一首歌；激动时跳一段舞；郁闷时吼一嗓子；思念时洒一场泪一样。唱完了，跳完了，吼完了，哭完了，就舒畅了，就心安了，就平复了，就快乐了。

转眼，遇见诗歌、爱上诗歌已半个世纪，我把诗歌称为"情人"，不离不弃，时远时近。灵感来时我欢喜迎接，没有灵感时也不强求。我甚至间隔多年没写一首诗，但在情绪波动时，又可以一天写上好几首。

诗歌的精进没有止境，好诗让人产生共鸣，只是对于大多数诗歌爱好者来说，诗歌不过是表达个人心境的工具，我也不例外。有缘人可以读出里面的情绪，看到里面的故事，甚至会受到感动。而这时，诗歌便体现了她的最大价值。

爱诗吧，她不会亏待你！

2021 年 3 月 18 日于芸香阁

辑一：生命旋律

让爱美的我，穿上
喜爱的旗袍
在天堂门口，当一位
礼仪小姐

——《当我离去，你不要哭泣》

生命之妙

谁料想
大千中无数物种
启动于
眼不能见的 DNA

飘在浆中
缩在核里,划分出
高级与低级

DNA-RNA-蛋白质
遵循着不变的
中心法则

RNA-cDNA
揭示着
人类探索的脚踪

尽管,分子生物学的方法
推陈了又推陈
尽管,科研论文和成果报告
出新了又出新

都不过是
二维世界的
前后东西

顺着双链螺旋的阶梯
我看到
造化之源的
奇妙大手

祂，布置了
最小的分子
雕塑了
最大的山海

我，在敬畏的震颤中
委身俯伏

原载于《诗刊》2016年8月号，下半月刊

那时，我们年轻

那时，我们年轻
天空总是蔚蓝
花草总是清香
青春的舞曲，旋出
彩色的梦幻

那时，我们年轻
前程铺满金光
理想鼓舞斗志，豪情
引导我们
改变世界
爱情美好
婚姻诱人

如今，不再年轻
风暴无常
秋风凄凉
心啊，可以
波澜不惊

如今，不再年轻
华发已染霜雪
躯体走向残破
唯有灵魂
不被牵引

2014年6月29日

再 思

—— 献给远方的朋友

虽然不常想起您，夜梦
却常唤起我
对归途的再思

少年时，您
怀着无瑕的心
切切地为我祈祷
犹如
呼唤白雪公主的王子

我却说
天方夜谭的故事
不可信

青年时，虽
都已有悸动的心
可信念的鸿沟
那么宽，那么阔

我乘上
理想的小舟
固执前行，您

却走着
认定的路

十年后，我的小舟
颠覆在惊涛骇浪之中，您
却处处蒙恩得福
喜乐有加

如今中年
迷途知返的我哦
再思那十几年的
福缘 情缘
方知，白白失去的
有多少

1993 年 11 月

你在我身旁

我并没有，每日
为你高唱情歌

我并没有，每日
捧读你的情书

我并没有，每日
向你请安汇报

然而，我知道
你在我身旁，如同
二十五年的夫妻
不需言语，仍有
安全、自在、爱

心跳仍在
呼吸同步，于是
便满足了，于是
便喜悦了

华丽是表面
喧嚣在外面
我，只要
随时可以约会的
水晶密室

2017 年 1 月 17 日

你在上面看着我

你看见
我低头诉说
你看见，我
眼泪婆娑

你看见，我
内心绞痛
无奈加困惑

你听见
我切切追问：
为什么　为什么
把我放在，这样的
风口

你，用天的蔚蓝
安抚我
你，用白云朵朵
拭去我的泪，你差
星星告诉我

孩子，我懂你
不要胆怯往前走

我
会
牵
你
手

2016 年 7 月 10 日

选择简单

大雁
一年一度南飞
花草树木
茂盛又凋零
时间之梭,穿破一切
我不得不选择
选择简单

当扮妆的香粉越涂越厚
当胭脂眼影,再度
让憔悴的脸庞
神采飞扬
手背,却不识趣地
泄露机密

虚假与谎言
同样如此
来于尘土
复归于尘土
生命,就这么简单

当圣彼得大教堂的钟声
响起,谁知
十字架上的耻辱

当一切都变得越来越荒诞
我不得不选择
选择简单

2002年5月

人生从六十开始

人生从六十开始
你似破茧蝴蝶
从此舒展
美丽的翅膀

风雨摧残
意志更坚
泪水洗涤
灵魂更纯
名利地位,也不能
再把你捆绑

忆往昔　风华正茂
多少华光任挥洒
多少情感随风掷
如今,终于找到
情感归依

亲人的问候
同学的关怀,还有
那一望便懂的眼神
最值得珍惜

宽阔的太平洋
隔不断思念
何时再听你
开怀大笑
何时再与你
来一支圆舞曲

2016年7月

假如没有明天

假如没有明天
我要将泛氏微笑
转成杜氏微笑

假如没有明天
我要给丈夫
两个亲吻,给女儿
三个拥抱

假如没有明天
我要向所有亲朋
感恩问好,并为自己
祈求宽恕

假如没有明天啊
我要把心爱之物
分赠他人,更要
把赞美之歌
大声唱好

假如没有明天啊
我要在今晚
微笑进入梦乡
让灵魂遨游天际

然而,天堂传来声音:
"不要总是假如啊,
把每一天当最后一天来活,
就是我给你的命令!"

2005 年 1 月

当我离去　你不要哭泣

（一）

当我离去，你不要哭泣
那是我在世的日子
已经满足
我要脱下，残破的皮囊
也要卸下，缠人的情感
轻盈的灵魂，飞向
无垠的宇宙
能量的源头

感恩我的父母
基因单纯，心灵活泼
渴慕知识，终身不息
正直诚实，略欠宽容

不忘那天啊
天降甘霖，灵魂苏醒
天堂的花园
向我敞开，从此
不再饥渴

（二）

别用哭声牵着我
让我歇息罢
让我进入新的课堂
让我的灵魂
自由飞翔

亲缘情缘
是我最大的财富
尽管住过滴漏的房屋
尽管曾经囊中羞涩

该得到的不必强求
该舍弃的不应留恋，忘却
辗转难眠的夜晚，不念
撕心裂肺的疼痛

当我轻盈地飘起
只感念过往的精彩
赤橙黄绿青蓝紫
酸甜苦辣酱醋茶

有幸今生为女子
穿红戴绿不枉活
工厂农场职场
与江湖
不让须眉不示弱

（三）

当我离去，你不要哭泣
我不必再当高分压力下的学生
我不要再背争强好胜的重负
何必让医护人员再忙碌
何必让保险公司再破费
就让我腾出空间
给我们的下一代吧

我要请求主的允许
让爱美的我，穿上
喜爱的旗袍
在天堂门口，当一位
礼仪小姐

欢迎前来的朋友
引他们进永恒的花圃
花圃里
眼神和意念，就可以
让所有透明

我要翻看自己生命的
得分卡
看看有多少
未完成的功课
看看何时能换上新装

回到有缘人身旁

或许，我想当一回男儿
尝一尝有泪不轻弹的滋味
试一试追逐美女的
快乐与苦恼

我还要
还上在世时许下的愿：
弹得一手好钢琴
拥有一副好嗓音
自由自在
献上
赞美的歌声

    注：新冠疫情已造成全球超过1亿人感，200多万人失去性命。认识的朋友中，噩耗也一次次传来，让我们不得不一而再、再而三地面对生死的拷问。我真的不知道明天会怎样，也不知自己的寿命还有多长？但我相信灵魂不死，它将回归宇宙，以另一种形式存在。写下这首诗歌，为自己告别世界的那一天做准备。

2021年3月

辑二：恋恋红尘

夜，不再那么悠长
月，不再那么清冷
暖在心湖的
是一世不变的
眷念

——《今夜无眠》

记住你的好
——写在第二十个情人节

匆匆二十年
不忘你的好
玫瑰巧克力飘香的日子
只想对你诉衷肠

（一）

那一天，我们相看
六尺大汉杵在眼前，正气
聚集在你方正的大脸
定力的眉间

自曝不足
不减你的份量：
"工人家庭
工农兵学员
收入不高
恋爱有前科……"

第一次约会
曲曲弯弯的小径
留下你弯弯曲曲的

初恋故事：
美丽女青年的主动
单位领导的青睐
热心朋友的引见
动摇不了你的初选——
身处逆境的弱女孩

四年的情感
三年的援助
你将她扶进高校大门
哭泣的姑娘哀求着：
"我们结婚吧，
你岁数已不小。"
你压住激动为她着想：
"结婚上学会分心，
　我愿意等你整四年。"

诚挚的等待
换回移情别恋
专一的持守
把自己焚烧，只剩
命悬一线

诚实、宽容、奉献
责任、慈爱、智慧
随着悲壮的声音
呈现我眼前

东边日头西边雨
上帝保护善良人
离开那样的女人
是你今生的幸运

友人搭鹊桥
云开雾散，爱火再燃
你我相遇四十天
良缘从天降

还记得那天你探问：
"我们去拿结婚证好吗？"
怯怯的声音
裹着真诚的期望
其实何需四十天
第一次约会后
我便确定
你就是我
千寻万寻的
良人

（二）

你的品格　我的眼光
铸造了我们
风雪不摧　雷打不移

虽不富裕
却温馨满满的
柴米婚姻

斗转星移
二十年过去
甜蜜远超苦涩
美好远胜假丑
粗茶淡饭超过玫瑰巧克力
关爱的眼神胜过甜言蜜语

这二十年的坚持,实在是
源于你无尽的包容

还记得那日
我为无钱装电话大吼:
"为什么不下海,
　让我跟着你受穷!"

还记得那天
你让我把房间收拾干净
我暴跳:
"我是小姐命,
　谁叫你没钱请保姆!"

还记得那一次
我嫌你打扮不中意

撂下一句话
把你弃家中

如今想起自己的刁蛮
更感戴你的宽厚
无怨无悔的抉择
无私无利的奉献
实在是
上帝永爱之彰显

春风化雨处处新
默契到了家
幽默也进门
我说:"我都为你亏得慌
给你自由吧,去找个好媳妇
下半辈有人给你烧饭吃。"

你答:"上辈子欠了你
　　　这辈子注定要还清
　　　我认了。"

我说:
"我喜欢交朋友
　同性异性都随缘
　难道你不介意。"

你答:
"拿了结婚证
　没发喜糖你不让我碰
　我就已经放心了。"

我问:"你怎能容忍
　　　　刁钻古怪的我。"
你说:"你夜晚的聪明和柔顺
　　　　可以弥补这一切
　　　　　我心已满,意亦足。"

(三)

跳荡的小船有重锚
不乖的风筝有粗绳
这重锚用深情铸造
这粗绳用慈爱编成

那一年
你昼夜加班把假积
只为全天候陪我坐月子
一日六餐　伺候产妇　孝敬岳家
劈柴做煤洗尿片
累得呼噜震天响

那一天

你买回整箱打印纸
对我说:"别再向朋友讨废纸,
　　　　这纸够你用一年。"

那一天
我渴想回国同学聚
叹息家中钱寥寥
你却说:"回去吧,
免得此生留遗憾。"

那一天,你再笑:
"昨晚又没关厅灯,
马大哈,帮你灯关二十载。"

那一天
大雨将我困车中
20步路无法过
未待呼喊求帮助
你已撑着大伞到车旁

而日日　你呼唤:
"大小姐,二小姐
　开饭啰!"
热菜热饭暖心肠

没有被恋人哄过的我
日日被你宠爱着

你的恩,你的好
点点滴滴在心头
化成酒,酿成蜜
胜过千枝玫瑰花
甜过万种巧克力

带泪献上长串的吻
唯愿幸福不退色
唯愿此情绵绵
无绝期!

写于 2005 年情人节

写在女儿五周岁

让满怀的情丝
编成花
织成诗
献给我亲爱的女儿

（一）

父母新婚的日子
妳悄悄来临
神秘又迅速
让我们惊喜不已
叫我们忧心忡忡
喜的是爱情结了果
忧的是果儿不完美

随着"哇"声落地
健全美丽的小生命诞生了
妳让我们自豪
叫全家欢天喜地

外公外婆和姨
忙着为妳取名
"刘露"谐"流露"

不好，太轻薄
"刘星"谐"流星"
不好，太短暂
就叫"刘洋"吧
愿妳有博大的胸怀
愿妳有良好的素质
愿妳聪明向学
留洋深造

（二）

当妳贪婪地吸吮我的乳汁
当妳露出满足的微笑
当妳睡醒时伸展四肢
当妳随着音乐摇头晃脑
那无法描述的幸福
一波波涌上娘的心头

看着妳第一次抬头
看着妳第一次站立
看着妳第一次出牙
看着妳第一次迈步
哪一次不叫妈激动万分

（三）

一岁十个月

妳成了幼儿园最小的小朋友
听不懂老师的话
妳便拉着老师的手指指点点
受小朋友欺负
妳便以一挡二三
从不哭泣
桌椅成了妳最好的攀登物
小朋友的鞋子
是妳打发午睡的好伙伴

老师干活
妳抢着帮忙
老师弯腰
妳忙着搬凳
老师病了
妳会悄悄对她说
"我妈妈是医生,
我给妳送药来。"

妈妈回家,妳会说
"妈妈,我给妳拿鞋。"
爸爸抱妳,妳会说
"爸爸累了,让我自己走。"
不满三岁的孩子如此知冷知热
能不让人爱怜喜欢

（四）

剪纸——是妳的拿手好戏
班上的墙壁妳增色不少
折纸——妳最爱的手工
桩桩件件做得有模有样
优美的舞姿让叔叔阿姨赞赏
礼貌和勇敢得到老师表扬

我们爱看妳跳《小草》
我们爱听妳念《布娃娃别生气》
妳是我们的生命
我们的欢乐

然而，为了更多时间学习
把妳寄了全托
妳百思不解　百想不通
最后得出结论：
"不当好孩子就不用上全托！"

从此，妳每日大哭两小时
从此，妳从最爱争第一
成了最落后
一切动作都慢了半拍
性格也变得易怒、好斗、违拗

看着妳满盈的泪水

看着妳哀哀的眼神
妈妈心如刀绞
后悔不已
我的儿啊
但愿妳能谅解

（五）

我的女儿五岁了
我的女儿五岁了
我的女儿听得出妈妈的脚步声
我的女儿会俏皮地开玩笑
我的女儿会专心地绘画看书玩拼图
我的女儿会自己洗头洗澡
还拿着滴肥皂水的衣服说：
"妈妈，我洗干净了！"

我的女儿会自作聪明地撒谎
我的女儿会巧妙地狡辩
我的女儿会无理地讲条件
我的女儿会不时地耍牛脾气
我的女儿爱看书却不爱识字
我的女儿爱跳舞却唱歌跑调

那可恨又可爱的性格
那可气又可笑的神情
那撒娇时的搂抱

生气时的嘟嘴
那高兴时的大笑
委屈时的哀泣
构成一幅幅生动的画面
永远铭刻在父母心中

这就是我们的小女儿
聪明可爱的小女儿

        1990 年 10 月 30 日

今夜无眠

夜,在初春的北美
月,在银装的上空
此岸彼岸
共渡着一个思念

睡吧睡吧
我重复地命令自己
澎湃的心潮
却不肯听劝

四十多个寒暑
无数次的跌宕
漂泊了半世啊
只盼望回到原点

情窦未开的季节
那么单纯美好
淘个气,偷个书
其乐无穷

当年的小伙伴啊
你在哪里
每当想起你
我泪眼盈盈

夜,不再那么悠长
月,不再那么清冷
暖在心湖的
是一世不变的
眷念

2015 年 2 月

遇 见

偶然
走近你身旁
没有因为
也不知所以

扪心自问,什么
令我好奇
是光鲜的外表
还是漂亮的文章

借着诗歌的韵律
探索未知的胸怀
只见男人忌讳的泪轻弹
被你勇敢地再三提讲

铮铮汉子
却原来是儿女柔肠
山坡、湖边、黄昏、月亮
留下你一次次
别离的情殇

如果性情男人
遇上女汉子

便是针尖遇上了麦芒
交锋过后,定会
灵感四扬

哦,我突然明白了
这个偶然,却原来
是我词穷诗竭的
季节
苦苦寻求的
遇见

2016年1月23日

情 愿

推开窗枢
西边已漫天红霞
分明是天女舒展裙裾
把舞点踩踏

一曲相思
声声呼唤
是断肠心碎的琵琶
滴滴眼泪
无论短长
都是心头血的羽化

为什么在清晨
唱夜晚的歌谣
把雀鸣唱成了蝉泣啊
为什么在阳春
写秋天的句子
人还未老，诗
已憔悴
声已沙

如果诗人都要经历
把心摔成碎片的

磨砺
我情愿选择
平庸无华

如果好诗
都要用泪水点缀
我情愿跋涉千里万里啊
借来东海
朵朵浪花

2016 年 5 月

旗袍女子

你从远方来
走过世纪沧桑
那窈窕 那旖旎
那娉娉婷婷
依然

立领、盘扣、滚边
锦缎、丝绣、繁花
上襟 飞舞着凤凰
下摆 盛开着牡丹

青丝过肩挽成髻
镶钻步摇露风情
淡施脂粉 轻点绛唇
盈盈柳眉下
亮闪着双眸

那里有
春的和煦,夏的茂盛
秋的丰润,冬的静宁
那里有
诗的韵律 画的缤纷
爱的坚贞 情的致远

你是
一缕兰香　一款软玉
一曲花径　一座园林
你是
风景旧曾谙的
烟雨江南

2016 年 11 月

我用一天来想你

我用一天来想你
这一天
是母亲的撕裂
这一天
是父亲的欣喜
你以哭嚎宣告：
不枉世上走一遭

于是，你有
更多的勤奋，还有
更多的思考
智慧与情操
是攀登高峰的
原动力

于是
风来了，雨来了
夭折了你的雄心
摧残了你的事业
之后
风走了，雨走了
只留下
孤独的思考

我用一天来想你
想你精彩的故事，何时
化成斑斓的文字

前世的因缘
今生的牵挂
生命中有了你
一切更美好

无论高山
无论低谷
你是我心中
永远的骄傲

2016 年 7 月

再见了,丹尼尔

下班时间到
把办公室门虚掩
清理文件关电脑
换挡家庭杂务

随着轻轻叩门声
丹尼尔出现在眼前

八年前我上岗
丹尼尔是学院修理工
身材魁伟光头亮
修理门窗手艺高

不时与我聊家常
话语灵动又幽默
他说太太厨艺抓他的胃
他说儿子捣蛋又可爱
还说自己有个小公司……

一天他靠近我低声问:
可不可以约晚餐
看我不解挂脸上
再加一句:
"我喜欢你!"

我惊愕连连往后退
困惑意外变愤怒
心里骂着臭流氓
寻思报告性骚扰

沸水胸中翻
烦恼心头窜
检视己言行
恍然知失误

原来指上没戴环
难怪让人有误会
赶紧找出夫馈赠
郑重套上无名指

再见丹尼尔
他对我 说道歉
笑容坦然又干净
殷勤周到亦如往

告诉我他是ADD
不爱读书爱动手
喜欢唱歌弹吉他
自组乐队常演出

耐心听他说一切
操练口语和听力

每当他转身要离去
留下"你真美"音符
空中飘

那天工作遭挫折
沉重沮丧挂脸庞
他恰巧经过觉察到
关切问候如兄长
见我还是不释怀
又说："别怕，
别忘了我们有工会。"

丹尼尔今天来话别
他工作已满26载
儿子大学已毕业
医疗福利都齐全
可以轻松卸任回家转

我夸他爱家好男儿
他笑得憨厚又尴尬
转而兴奋告诉我
乐队受邀去澳洲

隔着厚厚的大棉袄
给他个结实大拥抱
他红着脸儿对我说：
"谢谢你把我当朋友。"

我看见，他的眼泪在打转
急忙转身把手挥

一阵温暖感动我
后悔没邀他共午餐
让他尝尝中国菜
让他再自由叨一回

再见了，丹尼尔
好人自有好平安
虽然没有说感谢
生命的风景存心间

2016 年 2 月 1 日

写在七夕

那是一个遥远的故事
遥远得让我几乎忘记
忘记有多久
没追寻银色鹊桥
忘记有多久
没仰望孤独的织女
挑担的牛郎

似乎也忘记 忘记了
世界上还有
最最柔软的
思念

这些年
关注的是北极星
它是方向,是力量
是黑暗中的灯塔

这些年,思考的是
今生往永生的道路
我,少了些温柔
多了些坚强

七夕
让我回归自然
今晚,我要用一整夜
来数算天空的星星,那是
曾经眨巴的眼睛

是你们
照亮了我的人生
是你们
让我活出了意义

夜晚的陪伴
日间的隐退
还有还有
看得见或看不见的
眼泪
我都要一一数点
认真收藏
收藏在
我人际的
星空

2016年七夕

就这么爱着

秋风
吹醒默默相思
黄叶
舞动绵绵爱意

就这么爱着
把声声祝福
托付秋风
寄语黄叶

大洋这边的你
大洋那边的她
交集于生命的个体
都装在
柔软的心底

就这么爱着
就这么想着
壁炉中跳跃的火焰
是你灵动的身影
干柴噼啪的呐喊
是你心中的讴歌

爱的电波
燃起希望
思念的磁场
沸腾着血液

就这么爱着
从青丝到华发
就这么想着
从缤纷到萧瑟

不在乎地老天荒
不在乎谁能知晓
只把自己
沉浸在
感恩的季节
思念的海洋

2016 年 11 月

有这样一位朋友

有这样一位朋友
相识二十年,住得不远
可相见相聚
屈指可数

有这样一位朋友
二十年的样貌几乎没变
二十年前的衣服还很合身
更传奇的是
每次相见
仍有初识的新鲜感

这位朋友
如果你给她电话
发现她总是在忙
如果你接听她的来电
整个人会被她点燃

有这样一位朋友
你不知道她今天在美国
还是在中国
你不知道她是在梦游
还是在夜耕

但你知道
她没有浪费此生的
每分每秒

有这样一位朋友
她在阅读别人的过程中
阅读自己
她在探秘别人的过程中
提升自己
她很知道选择朋友
进退有度　游刃有余

一年又一年
她丰富了，成熟了
睿智了，成功了

做教育三十年
自己也
培养出一对优秀儿女
她还是婚姻的赢家
亲手缔造了幸福生活

当然，她更知道
为人女为人媳
有责任有义务
她越洋回国照顾公婆
她把赡养老母的重担

扛在肩上

你能想见吗？
她是七部畅销书的作家
你能想见吗？一个人
可以在方方面面都成功
你能相信吗？一个人
可以过别人几辈子的
人生

不必张大惊奇的嘴
不必睁大错愕的眼
她就在我们身边
她就是那位
不怕吃苦，默默耕耘
创办守候"留美学子"整五年
拥有粉丝数十万的
"帮主""号主"

今天是她的好日子
六十耳顺的大日子
祝贺她
祝福她

愿她继续撒下
一片片、一朵朵、一束束
芬芳美丽的文字

愿她青春永驻，容颜不衰
愿她长长久久与我们
在一起

我爱你
难得的朋友，陈屹！

2020 年 11 月 20 日

辑三：你没走远

如今我在天家

置身美丽的花园

歌声缭绕　花朵美丽

我已把病痛脱去

换上新装

——《妈妈，请别再为我哭泣》

一声枪响

——张纯如事件的联想

枪声
在世界各地
此起彼伏，鲜血
渗透土地岩层
直到地狱

人类最残忍的谋杀
有声无声地进行
灭亡着肉体
断送着灵魂

那声枪响
划破了夜空
是否能惊醒
梦中人

那具优美的
尸体
如何承受得起
世界上暴虐之重
幸存中的人们啊
将如何拯救自己

生着的每一天
都走在高架铁索
痛苦、幸福
责任、义务
是难以平衡的砝码

当一切都失去了意义
生还有什么价值
死还有什么可惧
你走你的方式
我走我的途径
早一天或晚一天
梦着或醒着

2004 年 11 月 17 日

我在春天把您怀想
——念冰子

又到春天
又到了
怀想您的季节

四年前,万物生发
您,却倒下了
倒下了
您的身躯和笔杆

多少读者每周等待
《冰子随笔》
多少人
沿着您的笔尖
走向宽广

十几年前的春天
您把我从人群中
捞起
稚嫩的文字
幸得您的垂顾

指导、带领、引荐
鞭策、勉励、修订

您为我搭起
步步向上的阶梯

您教导
不要比人掉书袋
不要懈怠与放弃
把知识升华为智慧
让真情在笔尖流淌

足不出户,您
仍能纵横天下
透过报纸,您
把社区风云尽收眼底
而在生活中
您又是
顿顿为家人奉上佳肴的
大厨

一次次相约参加文学活动
一次次思想碰撞迸出火花
我见识了
什么叫高度
什么是宽广

十年亦师亦友
十年忘年说笑
作品之外

我看见您闪闪发亮的
人品

师母转来的收据我已收藏
那是您代我缴纳的会费
承载着关怀与温暖
也是我再也还不了的歉意

我在春天把您怀想
用笔儿孕出花朵
如百合献在您面前
我知道此时此刻
您正在花圃中
望着我微笑

注：冰子是我敬重的作家前辈，著名的童话作家，他从年轻时就开始写作、发表作品。文革时因一篇童话，被诬陷入狱，一生坎坷。他洞明世事，思想深邃，对我多有指导、提携。每当想起他，眼泪便溢满眼眶。

2018 年春

妈妈，请别再为我哭泣

亲爱的妈妈
请别再为我哭泣
我现在不能再为您做什么
只恳求您
早日把忧伤挪去

如今我在天家
置身美丽的花园
歌声缭绕 花朵美丽
我已把病痛脱去
换上新装

那年的七月二十七
我在您身体里孕育成熟
哇哇坠地
向世界宣告母子情缘
您还为我准备了一个哥哥
让我从小能开心成长

您的乳汁那么甘甜
您的抚摸那么温暖
您的笑容那样美丽
您的声音那么好听

年幼不更事的我
会抱怨早晨起来见不到妈妈
上学后才知道
放学回家能见妈妈
叙说学校见闻
更是幸福

全优的成绩单
是我报答您五更早起的
最好礼物

九岁那年
您发现我爱好科学
不惜重金
送我去暑期科技班

上初中
篮球成了我的最爱
买球买衣买用品，您
来往接送　毫无怨言

周日全家去教会
信仰让我有倚靠
真理让我更智慧
那里的小伙伴很友善
那儿的大人很亲切

不幸未到十七岁
病魔前来把我缠
打乱了我的生活
揉碎了你们的心

整整一年四个月
进出医院无数次
手术化疗与放疗
你们的忧伤
一天更比一天重

可叹发现未及时
可恨肿瘤太顽固
可惜科技无能耐
可怜父母泪流干

相信上帝有眷顾
老师帮助同学爱
身困家中不停学
按期毕业不负众期望

医院关怀项目好
资助飞往南加州
与最心仪球星处三日
此生在世无遗憾

刚刚出院第三日

迎来十八岁生日
全部亲友都到齐
最知我心是妈妈

亲爱的好妈妈
请别再为我哭泣
我们还会再相会
盼只盼，您
重绽笑容
早释怀

注：这是一首安慰同事朵茜的诗歌。她是我们系的清洁工，西班牙裔，从2008年开始成为同事。每当她来我办公室收垃圾，总会聊上几句。我看着她的小儿子长大，了解他从发病、诊断、化疗，直至去世的全过程。在她小儿一周年祭时，有感动写下这首诗歌，讲解给朵茜听，我们一同流泪，紧紧相拥。现在看到她已经走出来了，我们的友谊愈加深厚。

2017年11月

消失的琴声
——悼尹信兄

"三年前，他走了"
噩耗像长夜的霹雳
惊炸
泪水止不住流下腮帮

怎么可能
等待了四十年
相聚就在眼前
琴声却嘎然而止

还记得，那时
破晓的不是鸡鸣
而是你悠扬的琴声
清泉般在医院上空飘荡

上千页的《红色娘子军》
从第一页到最后一页
缓缓流过你指尖
洗涤滋润着我们的心田

在无望的年代
历经多少寒暑冬秋
你一弓四弦
拉出了希望之路

还记得小镇文宣队晚间的排练
还记得高中大姐姐对你的仰慕

地区文工团的日子
筑起了你向上的阶梯
孜孜的追求
送你到达第一小提琴手的高峰

我远远地注视
为你的成功欣喜
然而，在禁锢的年代
纵使在街上偶尔相遇
也不好意思打招呼

琴声真的就这么消失了吗？
"哥们，你好！"的问候
再也到达不了你耳中了吗？

祈愿在鸟语花香的天庭，
你的琴声伴着天使的歌声
永不止息
源远流长

注：这位小提琴手是我童年随父母下农村"五七干校"，公社卫生院大院里的邻居，比我大几岁，是一位很亲切的大哥哥。他把自己不用的小提琴借给我们，教我们拉提琴。每日清晨他早早起来练琴，高中毕业考上了地区文工团。没想到英年早逝，再无机会相聚。

2015 年 2 月 27 日

花丛中你涛声依旧
——送李涛

三月的校园
呼唤着你的名字
三月的新州
挽留着你的足迹

故乡的樱花为你早开
侨乡的百合为你绽放
天堂的花圃
为你敞开大门
我们的救主
拥你入怀

你是天之骄子
众多恩赐聚集一身
你是上帝的信使
爱心、信仰
身体力行

你是大地的宠儿
青山、湖泊
海滩、大浪
处处留下你的歌声笑语

你是父母的宝贝

上进、聪慧
孝敬、懂礼
总给他们带来宽慰

你是姐姐的乖弟
温文、平和
不躁、不娇
含笑的眼神胜过言语

你是孩子的慈父
仁爱、宽容
"要做父亲这样的人"
是孩子们给父亲最大的褒奖

有一种智慧叫沉默
有一种爱心叫奉献
多少次重任在肩
你四两拨千斤
多少次误会困惑
你无语承受

朋友们声声呼唤
"涛哥、涛哥"
就是对你
最好的肯定
还记得吗
前年的感恩节
你播放朋友合影照
趁着还能发声

——表达感谢

还记得吗
去年七月露营
你拖着不便的腿
敲响最后的足音
征服六英里崎岖山路

还记得吗
小聚的餐间
你缓缓道来梦境异象
无法抵御的疼痛
化作你口中坦然的溪流

还记得吗
去年同一个3月17
"夫妻营"的同学们
共享心灵与友谊的
饺子大餐
……

一幕幕美好的记忆
一幅幅友谊的画面
温暖着你我他
感动着天和地

病魔
锁住了你的身体
锁不住你的灵魂

一粒种子撒在地上
要结实百倍千倍
一个大爱传递出去
要温暖千人百人

看见你在天堂的花圃微笑
笑得那么阳光灿烂
看见你在天堂的诗班歌唱
唱得那么动听豪放

到那天
我们相聚在天堂
再次呼唤"涛哥、涛哥"

到那天
我们相见在天堂
你要再给我们来一首
《涛声依旧》

注：这是我们华人团契的一位弟兄，平时少言，在团契里不甚活跃，但爱家爱孩子。他是创办新州华夏中文学校中部分校的主力军，并长期在分校领导团队担任义工，组织各种活动，深得大家敬重。身患肺癌后以坚强的毅力，平静的心态与病魔作斗争。癌患晚期，他希望再看看大自然，我们十几位弟兄姐妹为他组织了一次露营，搀扶着他走完了6英里山路。

2012年3月23日

你走了 精神在
——纪念苏珊

噩耗传来
我脑子里只有一个声音
怎么可能
怎么可能
莫不是另一个
我还不认识的苏珊

而事实
粉碎了我仅存的一点点
侥幸

其实
读到你女儿
报告病情转危的信
我的心
已开始颤抖

与你互动的邮件
还带着温热躺在原处
里面提到了我们共识的朋友
还有你的建议:

"查经加聚餐
更能增进了解"

团契领袖发出的通知
你总是第一个回应
弟兄姐妹的爱心行动
你总是第一时间
鼓励

你的笑容
像太阳般温暖
多少次在你家聚餐
你忙进忙出
多少次在你家查经
你周到准备
热心接待

还记得
你虚心请教使用 iPad 的情景
还记得
你送我鲜美的羹汤
还记得
你拿手的粽子
包裹着爱心
更记得，你问我
能不能去你们社区
教跳舞

几十年陪伴丈夫
你坚守在孤岛
抚育了三个女儿,众多孙儿
全家福的照片中
最灿烂的笑容
挂在你的脸上
十几口的大家庭
彰显着生命的丰盛

总看见你们夫唱妇随形影不离
总看见你们候鸟般
冬去夏返
还有一次次乘海轮游历
遍览世界风情

最后那次见到你
高兴拥抱之后
你轻轻说了句:
旅游其实挺累人

不知是过劳
还是病魔已悄悄扑向你
白发,爬上了你的头
红润,退下了你的腮

仍记得,在你家
流泪高唱《因他活着》

"我深知道
他掌管明天
生命中充满希望
只因他活着"
苏珊
你用生命
唱响了这首诗歌
你用信心
见证了这首诗歌

你明亮的眼睛
爽朗的笑声
真诚的话语
留在了我们的记忆中

你走了
精神会长久与我们同在

仍记得，你说
又要南飞佛州了
仍记得，你说
又乘游轮长见识了
这一回　　你不用说
安详的笑容告诉我们
你去了
最美好的天家

安息吧，苏珊！

注：这是我们团契一位爱主的姐妹，她性情活泼，乐于奉献、有亲和力。尤其令我佩服的是，奔70的人了还参加为期三年的《圣经》学习课程，每天查考圣经，做作业。

2017 年 11 月 29 日

你没走远
——纪念同学王一愚

在瘟疫横行
万人空巷的年头
你悄悄走了
一如既往的低调
没有叹息　没有呼喊
甚至没有留下一句
再见

你走了
走得那样匆忙
你走了
走得那样突然
让还没过去的冬季
更添一层寒意
让料峭迟到的春天
少了一束亮光

（一）

班委会上
你总是发言最少的那位
剑眉下的眼睛
明亮又智慧

从那时起
你已具备管理者的气度

读书无用论的年代
你床头贴着励志箴言
引导着你名列前茅
年年全票当选
三好学生

运动场上
你是位射击手
而在我眼里
你还是一位
爱红脸的小男生

高考季节
你勤勉有加
上天不负有心人
你成为七七级的一员

（二）

远离家乡的你
难得回乡省亲
没有呼风唤雨的张扬
却少不了拜望师长密友的
行程

天涯游客的我
闻过你的声音
读过你的信函
盼到再聚时
已过三十载

那天
你陪我游遍瘦西湖景区
带我参观了自己的办公楼
那天
你告诉我不幸的家世
曾被人欺负打倒在水沟里

那天
你说起恋爱史
向我引见了
美丽又爱打牌的太太……

只是
我无论如何没想到
那居然是
永别的一聚

（三）

也许是冥冥之中的安排
也许是乡情友情的呼唤
2018 年底

你再次回乡省亲
同学老师欢聚一堂
叙旧情，谈友谊
稳重的你
放开了歌喉
沉静的你
信口开河令同学刮目

留下了最感人的画面
留下了最真诚的祝福

你曾说
高二（8）班是一个
打不破的集体
你曾说
只愿同学们过得比你好
……

我们会继续凝聚
我们会好好地活下去

我们相信　你没走远
你的歌声、笑声、祝福声
仍在同学们耳畔回响
你的善良和美好
仍铭记在同学们心中

你永远是高二（8）班
的一员
你永远是我们敬重的
老班长

注：王一愚是我们高中（体育班）班长，大学毕业后随太太去扬州，任职某区科协，为扬州的科技发展和建设做出了贡献。他患癌症后没有告诉任何同学，半年后离世。我查看微信，发现他曾在2019年6月给我寄来端午节微信图，我却因忽略，一直没有回复。据说那时他刚刚确诊肝癌，仅仅半年，天人永隔，内心留下深深愧疚。

2020年2月6日

荣耀的冠冕为您留存
——纪念英干兄

地上，抹去了您的名字
天上，您的名字正闪闪发亮

临行那天五点钟
您在极度不适、呼吸困难的状况下
清楚听见主的召唤
我无法想象，您
以怎样的毅力
在手机上敲下最后的见证

您记下了与主的对话，嘱家人
在您离开后与我们分享
主对您说："你今天要与我在一起了。"
您问："这么快吗？
不是刚开始治疗肺炎吗？"
主说："你已经完成了世上的工作。"

在疫情肆虐的季节
您没逃过这一劫
是化疗导致抵抗力低下
还是疫情期间出入医院
受到感染，这些
都已不再重要，您确信

主亲自来接您回天家

您写道:"我的生命已走到终点,
我心里平安,
确信听到的声音来自于主。"
您坦然闭上眼睛
庄重地去赴一场天上的宴会

奔波 76 年,您终于得了安息
回看经历的一生
您走得正,走得稳

18 年前我们相遇文化营
亲切、幽默、没架子
是您的标志
哪里有需要,哪里就见您的身影
同学们称您校长
却感觉您更像邻家大哥哥
深究您的背景,才知
您是霍普金斯大学博士
世界银行经济学专家

一年又一年
我们回文字营充电
您从同学到讲师
从编辑到董事长
再到宣教牧师

每日清晨的读经祷告
贯穿您整个属灵生命
您的智慧越来越多
主的托付越来越重
而您这块宝石
放到哪儿就在哪儿发光

从北美到台湾
从欧洲到大陆
您传播的专业知识
让多少人实现了财务自由
您传播的福音
让更多人改变了生命

拯救灵魂成了您的使命
"神国资源为基督协会"您是主席
《神国》杂志您是编辑和同工
"溪水旁关心单亲协会"您是理事长
您还是
"全球冠冕财务事工"华人外展部主任
"使者协会"也聘请您当董事

您是几所大学的特聘教授
借着身份的便利
您开设起圣经课程
把福音种子
撒在年轻人心田

几十年奔波
没有影响您成为好父亲好祖父
一儿一女都成了
完全奉献的传道人
六个孙儿更是得到
满满的关爱

劳累奔波的您
没料到癌症在身体里横行
它像躲在暗处的魔鬼
向四面八方伸出利爪
用骨转移的疼痛
把您打到

您没有惊慌,没有抱怨
只是加紧培训同工
冷静地把一项项事工
交托给可靠的接班人

当您把一切都安排妥当
十次化疗,也已
把您折磨得不成样子
而您,从未缺席每周四的祷告会
即便已经发不出声音

那个周四的清晨
您听到主的呼唤

也听到医生的宣判
理智上我们知道您累了
情感上我们真的不舍
我们哭求神迹出现

我们知道，如今的您
已换上新装
披上神圣的华彩
在至高之处，与救世主
一同坐席

我们庆幸
曾有这样的好榜样
我们相信
天上荣耀的冠冕
已为您留存！

  注：温英干弟兄是我所见过的，最为敬虔爱主又爱人的弟兄，他的身上放射出温暖的光芒。他教导我们如何理财，帮助我们分析财务状况，为我们提供实际帮助。我们与女儿都当过他的学生，并从此受惠。最后一次见面，得以向他们夫妇请教如何当好祖父母，他说："闭上嘴巴，打开荷包，再打开工具箱。"他语出总带着幽默，而我们在笑过之后，会领悟到他话语背后还有第二、第三层寓意。

2020 年 6 月

我们的老班长
——告别善涛弟兄

《我的心你要称颂耶和华》
这首诗歌的旋律
一直盘旋在脑海,从
清醒到梦里,又从
梦里到梦外,我知道
是老班长你
来催逼我补课
也与我道别

主日学上
你要求每一位学员
唱会唱准这首歌,而我
作为常逃学的学生
三年五年过去了
还没完全背下歌词

这个夜半
我在梦中反复哼唱
一句想不全的歌词
直到醒转、查看、背下

现在我向老班长汇报
今年,我要把这首歌

作为生命的主旋律
我看见,你笑了

化学的专业,加上
追求完美的性格
推你至科学家的地位
大公司里你游刃有余
世界各地的研讨会
你侃侃而谈
台湾大陆的客座教授
你也榜上有名

上天赐你给美妙的嗓音
还自带令人羡慕的共鸣箱
而音准的障碍,则是
上帝式的幽默

于是,你要以
数倍于他人的时间精力
练好一首歌
捂着耳朵听发音
是你常用的手法

夏季的菜园是你的骄傲
团契的弟兄姐妹,有幸
都尝过你家的有机果蔬
你送给我们的胡瓜

是从未见过的特大个

爱开玩笑的你
遇上爱开玩笑的我
免不了唇枪舌剑斗几句嘴
可每次,你都以大哥的姿态
打着哈哈让步

你的身边,常见
贤淑美丽的太太
同进同出
成为服事弟兄姐妹的
好搭档

教育女儿你们也是模范
信仰上扎根,择偶上慎重
孙儿接踵而至
你又成了当之无愧的
"月爷"加大厨

得知你出状况
我们全部惊呆
众弟兄姐妹含泪紧急祷告
可叹,赶也赶不上死神的脚步

我们难过忧伤
我们痛心不舍

我们锁不住闸门
眼泪喷涌而出

我们相信
别离只是暂时
我们相信
你已在天父怀抱
你已加入天堂诗班

你只是先走一步
去了解诗班的规模
去学习天堂的敬拜
当那日来到，我们
还要推选你当班长
带领我们再次高唱
《我的心你要称颂耶和华》

  注：谢善涛弟兄是我们团契一位敬虔爱主的弟兄，也是多年主日学的班长。每次聚会，都能听到他洪亮的声音和乐观的笑声。他热情助人，幽默开朗，但过于超重的体型孕育了身体内的"炸弹"。3月3日，他突发腹主动脉瘤破裂，当天就离我们而去。我们的痛心惋惜无以言表，写下此诗纪念他。

2021 年 3 月 16 日

辑四：行版如歌

天池的一幕告诉我

追求也好，奋斗也罢

懒惰也好，无奈也罢

生命就是如此循环

——《天池》

春之恋

1

风信子
用清香呼唤樱花
快快苏醒
让我们一同
绽放

樱花泛着嫣红
垂首细语
如果你真愿意等待
我的花雨
为你飘香

2

柳树对蒲公英说
我们是否同宗同族
都爱借风飞舞

蒲公英答
你有你的太阳
我有我的月亮

3

粉色的蝴蝶兰
隔窗呼唤水仙
进来与我同住吧

水仙说
外面的风景
更好

4

牵牛终于孕出喇叭
朝着头顶的香椿吹响
瞧啊
你只有一色

香椿挺直腰杆
摇动枝叶道
我要把精力
集中在主人爱吃的
嫩芽

5

天堂鸟对天使喇叭说
你的喇叭太简单
天使喇叭说

简单容易快乐

上帝说
你们都是我的
精心设计

2017 年春

蚕儿在诉说

我,黑色幼体
钻破透明卵膜
你,光滑赤条
顶开幽暗阴道

当你轻松敲下
一龄二龄三龄……
我正不吃不动
等待痛苦后的长大

羡慕你们占有三维四维
还可以喊可以叫
可以随意爱与恨

伴随着沙沙声
桑叶在我们体内
聚集蛋白质
晶莹的丝 白色的茧
化作你们——
增彩的华服
吸金的商品

朝鲜日本印度希腊
欧洲美洲大洋洲

或东渡或西行
我们到达所有
青睐丝质的国度

你们，喜欢我们柔顺
造福人类又不惹麻烦
我们，看惯你们刀光剑影
杀声蹄声，加上
无止无休的
各种把戏

沉默　为了成蛹
休眠　为了化蝶
我们需求不多——
一张可以产卵的纸
几片可以果腹的叶
还有　还有
与你们人类
千年万年不断的
缘
份

　　　　　　　　　　　　2019年7月3日

忆 樱

三月，你伸展枝丫
深红的笑脸
挂满了苞蕾

四月，你在一夜间绽放
花仙精灵
狂舞通宵，报答我
修枝剪叶
培土施肥
爱抚拍照

总在晨霭中
把你细细端详
在晚霞中
惊叹驻步
感受你的美，你的快乐

你的粉
柔软了春天
增色了日子
让半百的人
也难免　春心驿动

仲夏六月
绛红的叶子
把你打扮成
丰满的宫廷贵妇
而你，不在宫廷
只在我门前
守候

十月
突如其来的桑迪飓风
无情地把你摧残
折断了膀臂
扯断了根茎
而你，在倒下的刹那
仍顾惜着
车道上的泊客

对门的樱花树依然挺立
主人的忽视
让他身段瘦削
逃过劫难

如果他是你守望的情人
一定会欲哭无泪
一定会大声叩问
为什么 为什么总是
天妒红颜

别了，樱
今时今日
我为你哭泣
来日来生
请再与我作伴，那是
你我不离不弃的情份
那是，你中有我
我中有你的
宿缘

2012 年 Sandy 飓风后

校园觅春

没有了你
校园多么清冷
只有树枝在瑟瑟作响

风情万种的柳条啊
以不变的节奏
撩拨深绿的水面

湖边　曾坐过的椅
漆已斑驳
温热犹存

知更鸟儿
成双在草坪觅食
叽喳喳把情歌儿唱

那天　你对我说
如果是鸟儿多好啊
可以自由飞翔

我不解其意
告诉你
此生只想当天使

校车空荡荡
消失了你顾盼的眼神
矫健的身影

最后一握
带走了所有的春
只留下，不肯老去的心
与心底
不变的
守
望

2016年3月

夏季清凉

火热的夏季
如醉人的初恋
愈走愈远
恒温的盒子
麻木着调温系统

机械动作
仅为换取每月支票
只有思维
不受身体
奴役

关节不灵便了
减肥也不奏效
罪魁就是
越来越发达的
科技

出逃
不断冒出的意念
就快击溃
理智的樊篱

来一杯水吧
让心火
再次遭遇
夏
季
清
凉

2005年7月

走在纽约 42 街

走在纽约 42 街
空气中弥漫着暧昧
尽管橱窗女已无处觅踪
灯红酒绿
依然

霓虹灯那么招摇
眨巴着诡异的眼睛
直把男男女女的理智
迷蒙

蜡像馆门里门外
365 天熙攘
最时尚的模特
最风云的人物
都在这里展现完美

总在变换的广告银屏
渲染着成功
诱惑着各路精英
钻进水泥森林
玻璃囚牢

时报广场
以另一种方式
引诱着各地的观光客
如果
您曾是跨年人海中的一粟
就不会诧异这儿的
潮来潮退

这就是42街啊
曼哈顿活力的
心脏
充满诱惑的
陷阱

2016年8月

再次来看你
——东加勒比海游

乘着温热的东风
再次来看你
海盗的神秘
是吸引我的理由

黑铜的塑像
还是那么光亮
冲锋与决斗的姿势
炯炯发光的眼神
栩栩如生

两尊女像
更是俊美矫健
有别于男性的
是丰满而半裸的乳房

这样的女人
在一堆血性男儿中餐风露宿
会有怎样
离奇的故事

讲解员打扮成海盗的模样

短剑在他手中挥舞
重演当年的精彩
我惊叹于他千百次的重复
居然还有同样的激情

那情绪感染着人们
也想一试海盗的生活
而我,再次来看你
只想挖掘
更多的故事

2016 年 8 月

重游江南(组诗)

上海

万国博物馆
是荣耀还是羞辱
外滩上的水泥板
盖住了多少
往日风情

大世界已不复存在
新世纪取而代之
多么想去百乐门跳一场舞啊
算不算追随金大班

红色的政权从这里萌芽
黑色的恐怖也曾经笼罩

阳光下
和平饭店傲然挺立
挥挥手
十里洋场早已远去

苏州

灵秀是你的别称
清风杨柳，养育着
丝的柔顺　曲的软腻
留园的梅兰竹菊
依然定时枯荣
红鲫鱼是否还遗传着
祖上的记忆

嵌花的石子路
鱼鹿鹤凤栩栩如生
细雨中，玉兰花的清香
祭奠着曾经的灯火与足迹
人用智慧，筑起了
比命更长的"寿"字

无锡

太湖的美传唱了一代又一代
岸上的影城是她的胭脂
风云变化的沙场
诉说着岁月沧桑

范蠡的智慧

西施的献身
只慕鸳鸯不慕官的归隐
成了千百年的佳话

水上的风　水下的藕
浓缩着世间百态
捧一颗珍珠回家吧
带上荷花菱角的清香

黄山

撞上了雨雾的一天
黄山顿成蒙纱少女
无法远眺山顶奇石
只有劲松挺立眼前

雨点敲打着斗笠
脚夫锤打着石板
同心锁锁住了多少故事
又有谁知
多少山盟已破碎

石狮跟前留个影吧
多一份念想
少一分遗憾

南京

来此
不再为寻春梦
睁着清醒的眼睛
看一眼六朝古都的城墙

貔貅仍然昂头挺胸
音乐馆却挪了地方
夫子庙的烧饼变了味
秦淮河的歌舞也已灭迹

久违的梧桐树啊
露出了沧桑的倦容
数度血染的城市啊
尘雾淹没了雨花石

只有同学的笑语
依然清澈自然

杭州

心想往之的天堂啊
有太多的故事
白娘子的清风洞还在吗
断桥怎能隔断仙与人的真情

十八里相送的绵绵情意
柔软了多少男女的心

刚直的岳飞秋瑾
也选中这宝地安魂
灵隐寺的钟声
回响在月明的秋潭

苏东波的业绩
有堤为证
别了，杭州
带着我的念想
带着我的祝福

2013年初夏

天 池

那是一个奇妙的地方
同一时间,吸引了
天上飞的、水中游的、山上跑的
还有站在远处观看的……

天的边上,水的尽头
有这么个池子
三文鱼的爸爸妈妈
成片成片躺在浅水中
从大海到这儿
它们逆流而游几千公里
跳跃上了百个台阶

雌的产卵,雄的喷精
致力合作,创造生命
连自己的肉身
也留给后代当食物

可恨狡猾又懒惰的海鸟
跟踪来到这儿
把奄奄一息的三文鱼,啄得
遍体鳞伤
海鸟享受着自助餐
却剥夺了

幼小三文鱼赖以生存的
食物

山上的黑熊
也不是等闲之辈
它们像个小偷
左顾右盼地走下山坡
叼起一只三文鱼，转头
跑回自己的领地

生命的残忍
竟发生在青山抱水的
人间仙境

而世间，又何尝有安宁
中东的石油战
东亚的包围圈
世界两大阵营的对垒……
不也如这天池
弱肉强食

天池的一幕告诉我
追求也好，奋斗也罢
懒惰也好，无奈也罢
生命就是如此循环

2015 年 8 月

遥望冰川

跨越美利坚版图
从东岸到西北角
再乘游轮向北
温度骤降三十度
衣服添了又添

阿拉斯加最大的景观
近了近了
冰川截面
横呈眼前

一阵轰鸣
诱发一阵欢呼
而我的心
却与兴奋背道而驰
它紧缩着,揪痛着

冰川的归宿是大海啊
可为什么,我
看着水面上千千万万
大大小小的浮冰
会难过得心痛

冰川的崩裂
会震醒多少病菌
会加高多少海平面
又会淹没多少岛屿

海冰的减少
又会让多少
倚靠海冰生存的动物
陷入危机

急速前进的工业啊
制造了多少废气
催裂了多少冰川
又酿造了多少水灾和旱灾
到底，谁是罪魁

更大的冰川崩裂了
更高的欢呼声响起了
我的心
却更痛了……

2018 年 7 月

重新出发

草青了、树绿了
花开了、春浓了
小池塘来了新客
一家七口

窗外的灌木顶
一对雀儿叽喳蹦跳
商量着
在哪个枝头安家

门前的玫瑰,叶子
如往年样斑驳
绽开嘴的花儿
对着我喊,难道你不理我
我就不开了吗

蚕卵儿在冰箱
多困了一个月
生还无望
面对新绿的桑叶,怎一个
对不起了得

千挑万选请回的垂樱
也因我的大意

没有扛过料峭春寒
溪边竹林
向横里伸展了两丈
又向纵里窜高了几尺

多少天没出门
多少日没健行
屋外的空气
果真香甜

生还是死
这是一个问题
一个成问题
又不成问题的
问题

瘟疫、暴乱、冷战……
高温、洪水、难民……
不安的世界
何时能得安宁

出发，重新出发
从心灵的国度
直到地极
直到永远

2020 年 5 月

附：最美的遇见

一生中能遇见诗歌是幸运的。不论走到人生那一阶段，有诗歌相伴，情感的河道便始终充盈。如果诗歌又碰上了婚姻，那就更有意义了：硝烟可以化作春雨，坚冰可以融为清溪。

多年来，诗歌常充当着我们婚姻的润滑剂、调节剂，确切地说，是我不断向夫君投诗，他却仅给我写过两三首。几十首诗串起 37 个年头，串起了一万三千多个甜酸苦辣的日日夜夜。

一直认为不能见人的拙作，今天鼓起勇气抖一抖、晾一晾，若能作为夫妻相处的借鉴、引玉的碎砖，我也就不必脸红了。

（一）

与夫君去拿结婚证的那天，正好是我与他经人介绍，相看后的第 40 天。出门前，我把写给他的第一首诗，与珍藏了多年的小胸针放在一起。那小胸针是个"勿忘我"，花蕊是一颗闪亮的装饰珠。办完登记手续，我郑重地把胸针与诗作交在夫君的手中。没有正式的婚礼，没有对物资的要求，没有过多地张扬。一同动手粉刷房间；向亲朋散发了几百元喜糖；回乡探望双方父老亲友；便是婚礼的全部内容。

《一颗星》

亲爱的朋友
请收下这小小礼物
切莫笑她普通
切莫嫌她价廉

还在幻想的少女时代
怀著跳荡的心将她珍藏
盼只盼　有一天
双手捧给心爱的人

纯洁无瑕是她的个性
独一是专注的象征
灵魂　在她的映照中净化
感情　在她的催化下升华

啊　可爱的小星星
今天　您将载着我一片深情
代表我诚挚的心
飞向那
结实的胸膛……

先生回赠我一首《有赠》：

谢谢你　亲爱的
谢谢你送给我的礼物

使我一颗久已渴望的心
是怎样地惊恐　惊惶

我怀疑人生中的至纯　至圣
是否真的　已经来临
惨痛的不幸　早已令我绝望
真正的爱　再也不敢奢想

然而　我不敢相信
是命运的安排
还是上帝的恩赐
一颗星　忽然飞入我的胸膛

虽然她很普通
可世上绝无一双
尽管她很"价廉"
黄金又怎能衡量

可憾我的粗心
在这难忘的时刻
竟无珍贵礼物
敬赠我最心爱的人

亲爱的　你把一切都给了我
爱的温暖
生活的信念……

而我给你的
　　只有一颗
　　　火红　赤热的心

新婚不久，先生出差，第一次小别，顿觉充满温馨、欢乐的小屋，变得陌生、冷清。时值元旦前后，更加思念在外的先生，遂写下《离别》：

离别　　是爱轴承的润滑剂
离别　　是饥渴中的甘泉

只有离别
才体会到欢聚的幸福
只有离别
才使我思念更切
心跳更烈

快回来吧
让我们紧紧相拥
快回来吧
让我们有一个
更甜美的吻

不到一年，女儿降生了，带给我们许多欢乐、许多甜蜜。先生变得更加殷勤、周到，往来的亲友，都称赞他是能干的好丈夫；被请的客人，无不赞赏他的手艺可与大厨媲美，我更觉得自己是一个泡在蜜罐中的娘子。于是有了《浓浓的情》：

浓浓的情　在哪里
在淡淡的微笑中
在关注的眼神里

浓浓的情　在哪里
在酷热的厨房中
在美味的佳馐里

浓浓的情　在哪里
在女儿的拥抱中
在亲友的赞词里

浓浓的情　在哪里
在生活的欢愉中
在无声的誓言里

泡在蜜罐中久了，不觉其甜；进入芝兰之室久了，不觉其香。

（二）

那时，大陆"十亿人民九亿赌，还有一亿在跳舞"。我，就加入了一亿人的行列。身上安静了多年的细胞再度活跃，驱使我频频外出学舞、跳舞。我看出先生不大情愿，不大高兴，有时还怂恿女儿拽住我的衣裙，不让我出门。我写了诗歌《风筝》，悄悄放在桌上，效果出奇地好：

总把她捧在手上
便觉平庸无奇
若把她放飞
会发现她美丽可爱

别担心绳索会断
它已足够牢固
莫怕她飞得太远
您已攥着她的生命

给她自由吧
她会更把您依恋
给她快乐吧
她将爱您更真更切

跳舞风过去了,我的兴头也过了。遵照先生嘱咐——不要找固定舞伴,故此,舞艺长进不大。回头想来,先生真像坚守在岗位上的"金笼",凭那任性的小鸟自由去来,这种宽容的守候令我感动。《金笼》又诞生了:

"金笼　金笼
快把门开开
请让我进去
安心长眠
再也不要
孤独的困扰
再也没有

追寻的烦恼"

"金笼　金笼
快把门开开
请让我出去
舒展双翅
我想呼吸
新鲜空气
我想回味
遨游的欢愉"

"雀儿　雀儿
尽情地飞翔
如果你疲惫
再回来歇息
我的门儿
永为你开敞
我的生命
永为你闪光！"

我在33岁那年，邂逅了中学时曾单相思的"白马王子"，平静的心湖激起涟漪。于是，写诗、写随笔，心不在焉、神不守舍。所写的东西被先生看见了，先生感觉情况严重，问：这是怎么回事？我写了一段话给他，排列一下，也像首诗：

我是一个多情人
我的情太多

我的爱太广

我的情有分有寸
我的爱纯洁神圣

不写　不等于不想
写了　不等于不贞

若思想都要被禁锢
我还能算自由人？

　　先生 40 岁生日，回顾自己嫁他随他近十年，一直被他爱着、宠着，感慨万千。恰逢席慕蓉诗作在大陆流行，其中一首《他》最怡我心，遂改"他"为"您"，抄录在给先生的贺卡上：

您给了我整片的星空
　　　　好让我自由地去来
我知道　我享有的
　　是一份深沉　宽广的爱

在快乐的角落里　才能
　　　　从容地写诗　流泪
而日耀的园中
　　您将我栽成一株
　　　　肆意生长的蔷薇

而我的幸福还不止如此
　　　　在您强壮温柔的翅翼下
我知道　我很知道啊
　　我是一个
　　　　受纵容的　女子

是的，我是一个受纵容的女子，是风雨中飘荡跳跃的小船，爱动、爱说、爱想、爱写。我禁不住把自己所遇、所闻、所见、所想都告诉丈夫，而他，却像那默默沉在水底的锚，坚持不懈地，无怨无悔地守候着、牵挂着。他给了我一片自由的星空，不仅如此，在他眼里，我还是个永远长不大的女孩。正如他写的《素描妻》：

远看像十八
近看仍十八
一生无忧愁
永远长不大

兴趣无限广
爱好特别多
有缘结连理
岁月欢笑过

（三）

1993年，我与女儿获准赴美探亲，尽管多年来先生寄望爱女有机会赴美受教育，可我却发现他兴奋中夹着忧虑，鼓

励中掺着担心。我则交织在向往与茫然之中,遂写下《为什么远行》:

> 您那深遂的目光
> 叫我留念
> 您那纯净的微笑
> 叫我思念
> 啊,我真不想远行
>
> 您那抑郁的神情
> 叫我心酸
> 您那沉思的静默
> 叫我为难
> 啊,为什么我要远行
>
> 您说——
> 　为那更蓝的天
> 　　为那更亮的月,也
> 　　　为那更圆的梦
>
> 哦,我必须远行!

来到美国,欢聚的喜悦过后,我必须面对现实。打工—读书—立足,女儿不得已送回大陆。没有丈夫、孩子在身边的日子显得空落、漫长,外面的诱惑比比皆是。在孤独的日子里,我写下了《煎熬》:

一边是圣灵的管教
"不要偏离我的命令"
一边是身体的呼求
"为什么不顾念我的需要"

面对善意的关怀
只能报以微笑
面对真诚的怜爱
只能泪眼婆娑

啊,
如今我才能体会
保罗的苦衷
如今我才能理解
保罗的呼求

先生的爱,是我身上的盔甲;上帝的智慧,坚固了我守约的心。我知道,身边有许多优秀的异性,然而,只有先生的心胸能完全接纳我,能让我的情感得到最大满足。

1994年秋,先生为照顾病中住院的女儿,奔波操劳,消化道大出血入院抢救。我接到电话后心急如焚,当下放弃在美入学的机会,立即返回大陆,两天后终于与分别一年的丈夫团聚。

(四)

1998年,我们全家移民来美与父母家人团聚,开始了洋插队生涯。求职、打拼、学习,紧张充斥着我们的生活,奔向知天命之年的先生,更感压力山大。于是,生活的情趣压缩到最小的角落,许多重要纪念日都不在先生的日程上,更别说情人节的浪漫。婚后第 20 个情人节,我建议去餐厅吃个晚餐,却被先生拒绝,让我的心情跌落到冰点。只是多年养成了习惯,每当生他气时,就去想他的好处。于是,坐到电脑前,写下了 160 多行的长诗《记住你的好》。写完诗,不仅心里的气消了,还生出对他的感激来。原来,平平淡淡才是真啊!

时光匆匆,我们的婚姻也走过了山重水复疑无路的季节。先生曾在纪念我们 35 周年珊瑚婚之前,写下了他的第三首爱情诗《有感》:

> 没有鲜花
> 没有钻戒
> 没有花前月下
> 我们——
> 结婚啦!
>
> 也许
> 是命运的安排
> 也许
> 是前世的姻缘
> 四十天
> 你我相识、成家
> 因为　我们有
> 相似的经历
> 相互的爱慕

更有那
真诚 理解 宽容 互谅……

岁月匆匆 斗转星移
三十五个春秋悄然而去
我们——
恩爱如初
婚姻如蜜
你说
下辈子还要嫁给我
我说
下辈子还要娶回你

今天 我们已
不再芳华
可是 你我的心中
永远燃烧着——
青春的火花！

　　一生中，能与诗歌相遇相伴，是件美妙的事情。如果又恰巧遇上一个合适的人，可以在油盐酱醋茶的空挡，用诗歌来调味沟通，那便称得上是最美的遇见了。

2021 年 3 月修订

后 记

三年前我已整理好了一本诗集的诗稿,但犹豫着一直没出版。原因是,发现自己的诗歌实在太过参差不齐,短的只有四句,长的却达160多行。这么悬殊的诗歌放在一起,一定会给人西装配短裤的印象。

2020年的疫情,让我们不得不宅家隔离,郁闷时悟出了最大的好处,那便是有了更多安静阅读的时间;有了更多梳理自己、往内心观看的空间。一年以来,全世界有一亿多人受到感染,200多万人失去生命,朋友中也不断传来噩耗,真感觉世界末日到了。这么看来,计划做的事情,还是赶快兑现的好。

这本诗集收入的,都是25行以上的抒情诗歌,共40首。时间跨度长达三十多年,比如纪念女儿五周岁的诗歌写于1990年,而最近写的,是纪念上个月突然离世的一位弟兄。

该诗集的主旋律是生命与友情。俗话说,"前世五百次的回眸,才换来今生的擦肩而过。"亲情友情是我生命中至关重要的部分,如果没有,我这辈子真不知道该怎么过。我相信灵魂永存,不论今生还是来世,相聚就是一种缘分。辑三的诗歌,都是写给曾经对我产生过影响,如今已离世回归宇宙的朋友。和着眼泪写下的诗歌,收藏入集,思念时可以随时翻看、诵读。

感谢周晓华姐赐我作品做封面。在她的个人画展上,这幅宁静致远的油画特别触动我。感谢薛恭晖弟兄为我题写书名,他是我和先生的书法老师。感谢文学前辈王渝老师;著名作家和诗人陈九先生；加拿大作家和诗人索妮娅为我背书推介。他们的肯定，增加了我用诗歌表达情感的信心。感谢易文出版社邱辛晔、王昌华先生为我编辑出版诗集，他们认真仔细的态度令我敬佩。还要感谢所有有缘相遇的朋友，是你们激发了我的诗情思绪，才有了这本集子的内容。

感恩感谢此生的缘分！

2021 年 4 月 4 日复活节

www.ingramcontent.com/pod-product-compliance
Lightning Source LLC
LaVergne TN
LVHW041222080426
835508LV00011B/1047